Wolfbach Verlag Zürich

rückhaltlos

Matthias Dieterle

Gedichte

© 2004 Wolfbach Verlag Zürich

Gesamtgestaltung und Typografie:
Atelier Jean-Marc Seiler, Zürich

Druck und Bindung: Neumann Druck, Heidelberg

Bildnachweis Zeichnungen John Berger: Kunsthaus Aarau und
Privatbesitz

ISBN 3-95 22831-8-5

Mit fünf Zeichnungen von John Berger

„...den andern vor sich hin zu *zaubern*"

Ludwig Hohl

einleben I

Nu féminin

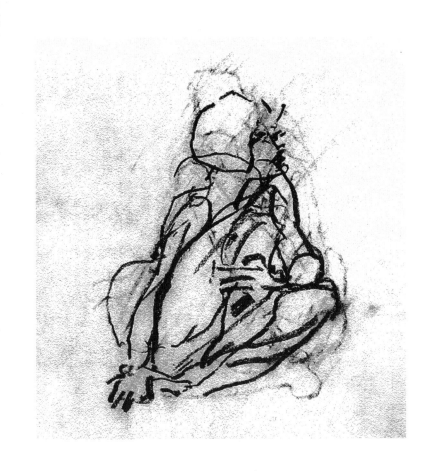

wer
kam den Mund
zu hüten

den Mund zu blühen

zu
glühen

Finger
mäandern
über Hüfte und Schulter
ins sinnlose
Haar

Wörter
je dich je
mich

lehnst
du dich an
in mir

kann
ich dich nicht
umarmen

mich
dir anwangen
Liebste

einen Augenblick
hingeträumt
wie lange schon

wenn deine Lippen ausufern
wenn deine Augen eindunkeln

versäumt die Nacht
Mond und Sterne

mein Schatten
in der Dämmerung

deine Helle
verdeutlicht ihn

deine Liniengestalt
in der ich schlafe

nicht enger zu sagen

lidlose
Nacht
sei
Helle

der Vollmond rollt
über deinen dunklen
Hügel zwischen mich
und dich

ich zeichne seinen Weg
als könnte ich
blind sehen

Traumgestalt

eine sanfte Welle
weitet sich
unverschämt
schön

was lässt
der Augenblick
zwischen uns
zurück

Blumenasche

du
in meinem Gesichtsfeld

das andere Gedächtnis
das Vergessen

der Traum
entäussert dich

langsam
gehst du
deinem Herzraum
zu

drehst dich
nicht
um

deine Nacktheit
glättet mein Schweigen

anderweitig
bin ich
du

meine Augen
nachtlang
dem Himmel
offen

die Mondsichel sinkt
ich weiss nicht
wohin

lebenbeilegen

II

Nu féminin

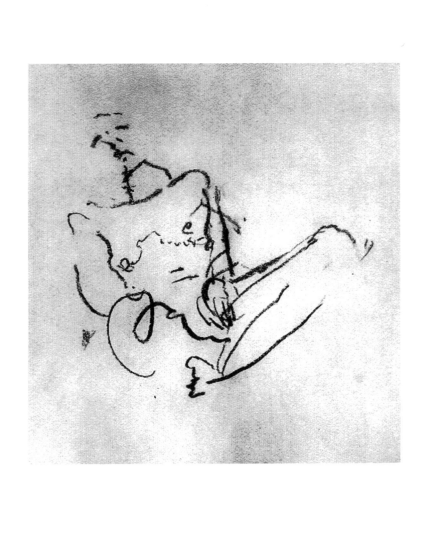

dein Leib
dem Auge
Aug

Lippenlust und
Zungenschlaf

das Wort dem
Leib

dein
Dunkelgesicht

helle
Nähe
hält uns
wach

willenlos
mit dir schlafen

Vakuum
zwischen
roten Nuss-
schalen

du
vor mir
ich
rückhaltlos
in dir

sing
das Hohelied
das der
Tiefe

deine Schönheit ist
kein Mondaufgang

Zartheit spiegelt sich
nirgendwo

deine Hände spielen mir
Sterne zu

ich bin kein Bild
sagst du
auf dunklem Grund

Unausgesprochenes
sei Bild

Ausgesprochenes
Eben-
Bild

im Liebesgedicht
erkenne ich die Leerstelle
zwischen uns
nicht

der Sprache sind
die Sinne
fremd

dem Gedicht

wenn
Leben in Liebe
umschlägt, wenn
Liebe in Wissen

wenn das Fragment
Gedicht ist

das Ganze der Liebe
jener Rest

wer
ein ungleich Zartes
erblickt

dem zerfahren im Gedicht
die Farben des Regenbogens

kein Spiegel zitiert
mich und dich

auch im Traum
bist du da

nicht ein Wort
rändert meinen und
deinen Blick

spät
in der Nacht
schminkst
du dich
ab

meine Wörter laufen hart
dem Horizont
der Vokale zu

dein hoher heller Schrei
wendet mich

kehlelieben

III

Nu féminin

ich
starre
die Dinge an

auch
dich

deine Arme
im Schlaf
um Kopf und Traum
gelegt
enthalten
was dir und mir
schlaflos
entfällt

in deine Stimmbänder gespannt
vibriere ich

Kehllaute
ungeschönt

der Kuss
auf dem Schulterblatt
hält
die Stelle der Verletzung
deiner Liebe
offen

kein Mass
verzeiht
die Annäherung
ans Licht

Zeit
radikalisiert
die Liebe nicht
lieblang den Tod

nicht
aufzuhellen
das dunkle Licht
zwischen mir
und dir

Liebe
deutet
den Tod
gleichgültig
durch Wörter
und Sätze
gejagt

welche
Liebenden
wankten
nicht
zwischen
Stirn
und Stern

auch das nicht geschriebene Gedicht
verschweigt mich
nicht

du hauchst mich an
ein Gesicht aus Wörtern
vielleicht

Verse
der Erinnerung
alla breve
auf weisses Papier
gezeichnet

in der Tiefe
des Augenblicks
insistiert
deine
Helle

Sprache und Traum
kennen weder Vorsicht
noch Nachsicht
umso einsamer
ich und
du

die Ferne
erfinden

der Alte am Fels
schreibt schwarze Zeichen
über Woge und Welle hinweg

Liebende
erfahren
nichts

Strömung im Meer
des Unerfahrbaren

Sprache durchfliesst
die Liebenden
wortlos

spiegellesen IV

Nu féminin

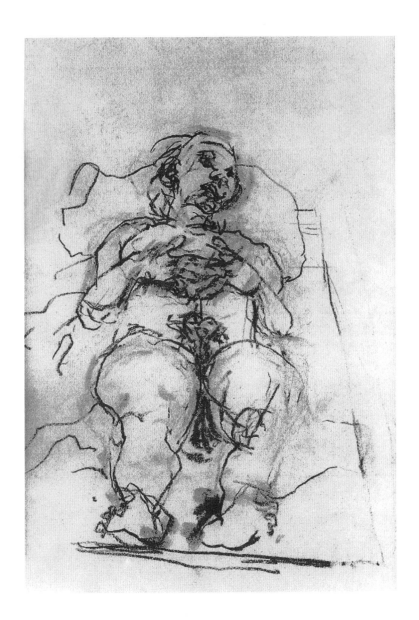

Nackt schreibe ich Wörter auf deinen Leib. Du entzifferst
sie nicht. Ich zitiere Jean Paul:
„Wenn es Homer nicht verübelt wird, dass er alles sah:
warum dann einem jetzigen Dichter, dass er alles las, weil
sehen unmöglich ist."
Jede Lektüre enthält blinde Liebe.
Alle Konjunktionen zwischen Sehen und Lesen bezeichnen
das Fragliche.
Nochmals Jean Paul:
„Welches besser schwerer, wenn 2 Liebende nur reden
könten, oder nur stum berühren?"

Soll ich wieder zitieren? Lichtenberg zum Beispiel? Jetzt,
wo du über mir kniest und mich schamlos Schlitzohr
nennst, weil du anderes im Sinn hattest und mich nun
zärtlich beisst?
Lichtenberg zitieren, wie er Sömmering gegenüber ver-
brieft: „...alsdann Dinge erfinden oder hineinzudencken
und zu dichten, die dieser geschlitzten Rasse einen Wert
geben..."?
Und, ausser mir, deinem Geschlecht verwandt, dich
preisen?

Nochmals Lichtenberg: „Unsere Sinne zeigen uns nur die Oberfläche und alles andere sind Schlüsse daraus." Lichtenberg ist nicht zu ergänzen, auch mit Gedichten nicht.

Helle deines Lächelns.

Heraklit: „Alles steuert der Blitz."
Nein.
Alles steuert den Blitz, der unsere Nacktheit zerreisst.

Was wir im Schlaf träumen, kann nur eines bedeuten: das Leben sehen.
Was wir berühren, deutet den Gegensatz.

Liebe nährt den langsamen Tod, endende Liebe den schnellen.
Welche Liebe deutet den Tod gleichgültig?

Ich denke: Tod – und sehe das gewisse Ungewusste in jedem Leben.
Und: Liebe – das ungewisse Gewusste in Wort und Gestalt.

Liebste, du siehst den kryptisch lachenden Rembrandt,
wie er als alter Zeuxis eine Frau malt.
Du siehst mich, deinen Zeuxis, als Lebend-, als Toten-
maske.
Du siehst, was ich sehe.

lebensehen   V

Psaume 139

Psalm 139
Dec '91
I will praise thee
for I am fearfully
and wonderfully made :
marvelous are thy works
and that my soul knoweth right well
My substance was not hid from thee
when I was made in secret
and curiously wrought
in the lowest parts
of the earth
Thine eyes did see my substance
yet being imperfect
and in thy book
all my members were written

Erkläre mir deinen Goya, wenn du da stehst und sagst:
„Ich beuge mich nur der Macht der Liebe." Erkläre diesen
Goya und den, der deiner Helle entgegenkommt.
Kläre meine Disparates.
Nackte.

Wörter entkleiden dich nicht, so wie Goya mit Farben
seine Maja entkleidet.
Vielleicht langweilte ihn ihre Anmut.

Wörter entkleiden mich, den du, Liegende, anblickst.
Schau her, lies diese Zeilen nicht.

Ich phantasiere Brotkrümel auf dein Gesicht. Mit der Zunge tupfe ich sie aus Mundwinkel und Ohrmuschel, setze mich den losen Begegnungsmöglichkeiten zwischen Mann und Frau aus.

Nicht auszuhalten der Gedanke, Goya – ein Ertaubter – habe nicht lieben können und dich und mich gezeichnet im sanften Grau der Arena, in der dem Caudillo Pepe Illo nichts anderes als der Recorte übrig bleibt.

Ich schlafe in deiner Gestalt – du weisst es, Liebste.
Ich denke dies auch, wenn ich Goyas «Nackte Maja» betrachte.

Ich schreibe nicht, wenn du nackt bist und ich das Linienspiel deiner Gestalt sehe.
Schliesse ich die Augen, schlafe ich hellwach in dir.

Hast du nach dem Tod der Gayetana jemals wieder
lieben können, Goya?
Ich frage dich, weil ich in der Nacht, wie im Traum, die
folgenden Sätze schrieb:

Das Glück wartet vor jeder leserlichen Syntax wie vor
einem vollendeten Portrait, das Goya von Gayetana ge-
malt hat.
Du, Liebste, willst so lange wie möglich mein erschlafftes
Glied in dir sein.

Ob das Glück auch vor einem unverständlichen Satz
wartet?

Verwendest du Rot, Francisco?
Du verschenkst Rot im Lächeln deiner «Nackten Maja».

Die Liegende gibt dir nicht einmal dein Schweigen zurück.
Nirgends ein Rosenband bleich oder rot.
Dennoch hast du Rötliches ins Gesicht der Frau ver-
schleppt, ein Lächeln.
Bist du das Echo deiner Maja? Ist sie deines?

Das Echo wirft, ob Goya malt oder ich schreibe, nur ein
einziges Wort zurück: wer.
Mögen Tote und Lebende mitrufen, Schmerz und Liebe
mitschwingen.
Vielleicht kann dein Saturn, Goya, sich des verschwiege-
nen Rots in den andern Portraits erinnern.
Unwahrscheinlich ist dies nicht.

Goya beängstigt nicht. Er zeigt Opfer und Täter in ihrer kaum zu unterscheidenden Ähnlichkeit. Er stiehlt sich nie in seinen Zeichnungen und Radierungen aus seinen Verhältnissen davon.

Wörter entfernen sich, um Erinnertes zu tauschen.

Dein angewinkeltes Knie, bewegt im Schlaf, tauscht den Schmerz der Kindheit mit der an deine Traumstirn gepressten Hand.
Verstummter Sinn, örtlich berührt, wendet Unsägliches ins schmerzlich Erinnerte.

Goya, du wusstest: man kann nie aus der Erinnerung mit einem Bild beginnen, wenn seine Vollendung diese imaginiert.
Gleiches gilt für Schmerz, Traum und Lust, Liebste.

Deine Konsequenz, Goya: in jeder Lebensäusserung
siehst du den tödlichen Akt.
Was bedeutet dir Inkonsequenz? Liebende Begegnung,
weiblicher-, gar männlicherseits?
Vergiss deine Liebe nicht, Goya, die das schonungslose
Begehren zwischen Mann und Frau verzeiht.

Chronos bittet nicht.
Goya hat mir diesen Satz beigebracht. Chronos keilt den
Tod in mein Leben.

Jeder Bote weiss, was der unerbittlichste Gott fordert.

Sprache sei.
Sprache fragt den, der liebt, gänzlich aus, antwortlos.
Liebste, versteh mich nicht, verzeih mir nie.

Wenn mir ein Gesicht fremd erscheint, verändere ich
mich sekundenschnell. Ich verandere mich.
Daher die Nähe des eigenen Todes im fremden Gesicht.
Woher kommt dieser Gedanke? Von der nicht befrag-
baren Blume, die welkt?
Von ihrer Zartheit, die nichts von mir will? Von der
Verwunderung, dass Calderòn schrieb: „Das grösste
Verbrechen des Menschen ist, geboren zu werden."?
Goya muss diese Fragen und diesen Satz gekannt haben.
Woher sonst die Unerbittlichkeit seines Blicks?

Kein Maler und Zeichner vor Goya, Rembrandt ausgenommen, hat so genau auf seine Gegenwart geschaut.
Rembrandt verlor die Fähigkeit zu träumen nicht.
Goya?
Sein Schlaf schreckte ihn ins bittere Wachsein.
Arbeit war sein Schlaf.
Was bedeutete ihm die Gayetana? Verwandlung ins Du, das andere Ich berührend?

Goya hat mein Fragen und Rätseln, das dich und mich betrifft, Liebste, weit hinter sich gelassen: im Doppelportrait mit seinem Leibarzt, der dem todkranken Goya ein Glas an die Lippen hält, und im späten Bild «Das Milchmädchen von Bordeaux», das er im Exil malte.
Zwei innige Liebesbeziehungen? Nicht Goyas Frage.

Wie meine unter deine Bauchdecke gelegte Hand.
Wie meine von deiner Hand umspielte Blösse.
Wie dein von meiner Fusssohle bespannter Rist.
Wie deine auf meine Augen gelegten Brüste.

Bilder in meinem Gedächtnis. Sprache ist weder dem
Gleichen gleich noch Gleichnis.

Goyas Malerei vergleicht nicht, sie zitiert die Wirklichkeit.
Du und ich leben im Vergleich, der eine Spannweite
aufreisst, die nur die Sprache ermöglicht.

Welches Subjekt ist gesetzt im Satz, der auszusprechen vermag, was der Liebes- und Todesgott in Goyas «Saturn» vermittelt? Diese Einsprache gegen jede Schönheit, jede Liebe, die fraglos das Eigene will?
Welches Subjekt ist es, das unser Gespräch verstummen lässt und jene Zäsur in der Liebe setzt, die nicht zufällig dies oder jenes meint, sondern das Ganze, das unversöhnte Ganze?

Ich schreie: Tod (sei es der von Goya), Licht (sei es das der Venus), Feuer (sei es das von Heraklit), Liebe (sei es die deine).
Nach dir, Geliebte.

Haut gewährt nichts. Hat Goya sich je mit etwas
anderem beschäftigt?
Und wir?

Haut um Haut. Ein Vertrag. Verträglich.
Goya sei's geklagt.

Goya zeichnet die Brutalität des Nicht-lieben-Wollens,
die Radikalität des Nicht-geliebt-sein-Wollens. Er ist aber,
wenn er das Aussergewöhnliche zeichnet, menschlich.
Wer zeichnet wen?

Wenn du, Goya, mich und die Geliebte ansiehst, wissen
wir: Annäherung führt zu nichts.
Es bleibt beim offenen Schweigen um Klarheit und
Zartheit.
Goya sehen. Leben sehen.

Frag Goya nicht nach der Ähnlichkeit der Gesichtszüge,
wenn er schmerzverzerrte Gesichter zeichnet oder
lächelnde.
Seine Radikalität entzieht sich Frage und Antwort.
Zudem: Leid und Liebe trennen die Fragenden zu
unterschiedlich.

Goyas Graphiken und Zeichnungen betrachtend, sind wir
einander fremd.
Er antwortet nicht. Er tauscht aus: Vordergrund und
Hintergrund seiner Arena, die Lust des Matadors gegen
die Not des Stiers, den bitteren Genuss beim Raub einer
jungen Frau und ihre Hingabe gegen die Leichenstarre
ihrer Schönheit.
Goya tauscht die Fragenden untereinander aus, dich
und mich. Radikal.
Goyas Sache.